Veröffentlichungen des Deutschen Vereins für Volks-Hygiene.

Im Auftrage des Zentralvorstandes
in zwanglosen Heften herausgegeben
von
Sanitätsrat Dr. K. Beerwald, Berlin.

Heft IV.

Gesundheit und Alkohol.

Vortrag
gehalten im Bürgersaal des Rathauses zu Berlin vor der Ortsgruppe des Vereins für Volkshygiene

von
Professor Dr. Carl Fraenkel aus Halle a. S.

Vierte Auflage.
(39. bis 48. Tausend.)

München und Berlin.
Druck und Verlag von R. Oldenbourg.
1908.

Leitsätze:

Der Alkohol ist in jeder Form, als Branntwein, Wein oder Bier, und schon in verhältnismäßig sehr kleinen Mengen ein Gift für den menschlichen Körper. Eine stärkende, kräftigende, ernährende Wirkung vermag der Alkohol entweder überhaupt nicht oder doch nur in ganz beschränktem, praktisch bedeutungslosem Maße auszuüben.

Alle diejenigen Menschen, bei denen eine besondere Empfindlichkeit gegen den Einfluß des Alkohols beobachtet wird, so namentlich Kinder bis zum 14. Lebensjahre, nervöse Personen und ehemalige, aber geheilte Trinker sollen daher auf den Genuß geistiger Getränke irgendwelcher Art überhaupt und unter allen Umständen verzichten.

Erwachsene und gesunde Menschen dagegen vertragen kleine Mengen, 30—40 ccm, d. h. so viel, wie in etwa 1 Liter Bier oder 1 Wasserglas Wein oder 1 Weinglas Branntwein enthalten ist, im Laufe eines Tages ohne erkennbaren Nachteil. Auch sie sollen aber den regelmäßigen Genuß selbst so geringer Mengen vermeiden.

Nur derjenige ist in Wahrheit mäßig und befugt, sich so zu nennen, der nicht jeden Tag geistige Getränke zu sich nimmt, „seinen“ Wein oder „sein“ Bier trinkt, sondern wer dies nur gelegentlich tut und auch dann innerhalb der eben angegebenen Grenzen bleibt.

Kein sachverständiger, ja ich möchte sagen, kein verständiger Beurteiler kann darüber im Zweifel sein, daß unter allen den Übeln und Schäden, die an der Gesundheit unseres Volkes zehren und deren Bekämpfung der Deutsche Verein für Volkshygiene daher auf seine Fahne geschrieben hat, sich nicht ein einziges an Bedeutung und Umfang auch nur im entferntesten mit dem Alkoholismus d. h. den Folgen des Mißbrauchs geistiger Getränke messen darf. Das mag wie eine rednerische Übertreibung klingen, ist aber nur eine leider allzu traurige Wahrheit. Sicherlich schlagen auch andere Feinde unseres Geschlechts ihm die schwersten und tödlichsten Wunden, so namentlich die Tuberkulose und die Syphilis. Aber im Bunde dieser apokalyptischen Reiter ragt doch um mehr als Hauptеslänge der Alkoholismus hervor, der nicht nur Gesundheit und Leben seiner unglücklichen Opfer zerstört, sondern auch weit darüber hinaus die unheilvollsten moralischen und ethischen, sozialen und wirtschaftlichen Verwüstungen anrichtet. Der Arzt und der Seelsorger, der Richter und der Volkswirt, sie alle wissen ein trübseliges Lied hiervon zu singen. Er vergiftet und vernichtet, wie den Einzelnen, so die ganze Familie, er füllt die Kranken- und die Irren-, die Zucht- und die Armenhäuser, und wahrlich, je eindringlicher man sich mit dieser Frage beschäftigt, um so mehr wird man in der Überzeugung bestärkt, daß der Alkohol der Vater alles Übels ist, daß er einen leider nie versiegenden Quell darstellt, aus dem sich immer von neuem und in tausendfältiger Form Tod und Verderben, Kummer und Sorge, Not und Elend über die Menschheit ergießen.

Eben deshalb aber ist eine Behandlung dieses Gegenstandes auch keine leichte Aufgabe. Das vielköpfige Ungeheuer kann selbst in Worten nicht mit einem Schlage erlegt und abgefertigt werden, wollte ich Ihre Geduld und Aufmerksamkeit auch über jede erlaubte Grenze hinaus in Anspruch nehmen. Soll das Kapitel vom Alkoholismus eine nur einigermaßen erschöpfende Darstellung erfahren, so bedürfte es einer langen Reihe einzelner Vorträge, in denen die Frage vom Standpunkte des Gesundheitspflegers, des Nerven- und Irrenarztes, des Rechtsgelehrten, des Verwaltungsbamten, des Seelsorgers und des Volkswirtes aus beleuchtet wird, und ich kann aus eigener Erfahrung versichern, daß weite Kreise oft erst durch ein solches Zusammenwirken verschiedener Betrachtungsweisen einen rechten Begriff von der ganzen Ausdehnung und Furchtbarkeit des Übels gewinnen. Mir aber erwächst aus dieser Sachlage der unabweisliche Zwang, mich zu beschränken, nur einen kleinen Teil des weiten Gebietes mit Ihnen zu durchwandern, das vom Alkoholismus handelt, und meinem Berufe gemäß wird daher hier nur der Arzt und der Hygieniker Gehör verlangen, während alles übrige, namentlich auch der inhaltsreiche und anziehende Abschnitt von der Bekämpfung des Alkoholismus durch den Staat und den Gesetzgeber, durch die freie Vereinstätigkeit und genossenschaftliche Einrichtungen beiseite bleiben muß.

Stößt die Darstellung und gemeinverständliche Erörterung doch sogar innerhalb dieses engeren Rahmens schon auf vielfache Schwierigkeiten. Die Tatsache freilich, daß der Alkohol ein Gift ist und als solches den Menschen gefährdet, ist allbekannt; daß schon nach einmaligem Genuß das körperliche Gleichgewicht ins Wanken geraten kann und der Rausch noch nach seinem Verschwinden die übelsten Folgezustände hinterläßt, hat auch unter den hier Anwesenden wohl mancher schon einmal an sich selbst erfahren; daß sehr große Mengen den sofortigen Tod herbeizuführen vermögen, lehren uns die Tagesblätter, die oft genug, meist unter der Spitzmarke „unsinnige Wette" berichten, wie hier oder dort jemand ein halbes oder ganzes Liter Branntwein heruntergestürzt habe und im nächsten Augenblick leblos zusammengebrochen sei; und daß endlich der Gewohnheitssäufer auch die Spuren der leiblichen Zerrüttung auf der Stirne zu tragen pflegt, bedarf wohl keiner weiteren Erwähnung. Aber sobald man über diese handgreiflichen Dinge hinaus nun dem Gegenstande näher tritt, die Wirkungen des Alkohols auf die menschliche Gesundheit im einzelnen zu bestimmen und darzulegen versucht, wird man alsbald gewahr, daß es sich hier um eine sehr verwickelte Aufgabe und um ein Gebiet handelt, auf dem die einschlägige Forschung noch keineswegs an allen Stellen zu endgültigen und zweifellosen Ergebnissen gelangt ist.

Nur in einem Punkte, über den früher die Meinungen ebenfalls auseinandergingen und der hier zunächst seine Erledigung finden möge, ist heute wohl volle Einigkeit erzielt. Die Wissenschaft bezeichnet als Alkohole eine ganze Reihe verwandter chemischer Stoffe, von denen der weitaus wichtigste freilich der bei der Gärung entstehende und deshalb auch Gärungsalkohol oder Alkohol schlechthin genannte leichte, flüchtige Äthylalkohol ist. Unter den übrigen nimmt unsere Aufmerksamkeit dann besonders in Anspruch der schwerere, unangenehm riechende Amylalkohol, bekannt unter dem Namen des Fuselöls. Während man ehedem nun gerade dem letzteren die hauptsächliche Schuld an der schädlichen Wirkung der geistigen, namentlich der gebrannten, d. h. durch Erhitzung, durch Destillation erzeugten Getränke beizumessen geneigt war, weiß man jetzt, daß diese Ansicht eine irrige ist. Wohl ist der giftige Einfluß des Fuselöls an sich ein größerer; aber in den gebräuchlichen alkoholischen Genußmitteln tritt es meist in so geringfügigen Mengen auf, daß es sich kaum bemerkbar macht und ihre Gefährlichkeit allein auf Rechnung des gewöhnlichen Gärungsalkohols zu setzen ist.

Als von vorneherein verfehlt erscheint daher auch der Versuch, die geistigen Getränke durch Entfernung der höheren Alkohole, d. h. durch Entfuselung, ihrer verderblichen Eigenschaften zu entkleiden; selbst wenn das mit einfachen Mitteln möglich wäre, würde der dadurch erreichte Gewinn nicht der Rede wert sein. Auch für die Güte und Feinheit des betreffenden Erzeugnisses ist übrigens, wie nebenbei erwähnt sei, die Abwesenheit von Fuselöl keineswegs entscheidend; gerade in den teuersten Kognakarten beispielsweise können besonders reiche Mengen höherer Alkohole vorkommen, und die wegwerfende Bezeichnung „Fuselschnaps" wäre hier häufig sehr viel eher am Platze, als bei den proletarischen Verwandten jenes vornehmsten Sprößlings aus der Familie der Branntweine.

Beschäftigen wir uns nun etwas genauer mit den Wirkungen des Alkohols auf den menschlichen Körper, so müssen wir zunächst unterscheiden zwischen denjenigen Folgezuständen, welche der einmalige oder mindestens doch nicht regelmäßige und denjenigen, die der fortgesetzte Gebrauch dieses Mittels hervorzurufen vermag, also zwischen der akuten Alkoholvergiftung und dem sogenannten chronischen Alkoholismus. Im ersteren Falle treten stets eine Reihe von Erscheinungen auf, die keinen Zweifel daran lassen, daß der Alkohol seinen Einfluß vor allen Dingen auf die nervösen Teile unseres Leibes ausübt und sowohl die psychischen, die sensorischen und intellektuellen, wie auch die motorischen Funktionen trifft, d. h. ins Deutsche übersetzt, die Auffassung und geistige Verarbeitung äußerer Eindrücke und die willkürlichen Bewegungen angreift, weshalb ihn die Ärzte auch in die Klasse der Nerven- und Muskelgifte verweisen.

Wirft man nun aber die Frage auf, welcher besonderen Art denn diese Wirkung sei, so berühren wir eben damit den umstrittensten Punkt auf dem ganzen Gebiete, und in der Tat hat eine Fülle fleißiger, sorgfältiger und scharfsinniger Versuche noch immer nicht mit Sicherheit zu entscheiden vermocht, ob dem Alkohol ausschließlich lähmende oder auch erregende Eigenschaften innewohnen. Nach der landläufigen Auffassung, die im Alkohol ein Reizmittel sieht und sich hierfür auf die Erfahrung des täglichen Lebens und die einfache Beobachtung beruft, sollte ein Zweifel kaum noch möglich erscheinen. Aber gerade die hervorragendsten Forscher und Fachgelehrten vertreten die Ansicht, daß die vermeintlichen Erregungen in Wahrheit nur Lähmungen seien, Lähmungen sogenannter Hemmungsvorrichtungen, d. h. solcher Apparate in unserem Körper, die gewissermaßen als Zügel und Bremsen dienen und den Ablauf der Lebensvorgänge in ruhige und bestimmte Bahnen leiten sollen. So kennen wir einen Nerven, der die Tätigkeit des Herzens regelt, es vor Übereilung, vor Überstürzung bewahrt, und dessen

Reizung also die Zahl der Herzschläge herabsetzt; wird er gelähmt, so erfolgt eine Beschleunigung, die uns eine gesteigerte Erregung vorspiegelt, und eben in diesem Sinne soll sich die Wirkung des Alkohols geltend machen. Rötet sich unser Antlitz beim Weingenuß, so rinnt nicht das Blut schneller und feuriger durch die Adern, sondern die Nerven, welche die Gefäße der Haut und also auch der Gesichtshaut in Spannung erhalten, werden gelähmt, die Gefäße erweitern sich und werden von einer größeren Blutmenge durchströmt. Auch auf seelischem Gebiete sollen sich die Dinge ähnlich gestalten, die Steigerung des Mutes und des Selbstbewußtseins nach dem Genusse des Alkohols also nur durch die Beseitigung der Verlegenheit, des richtigen Urteils und der zutreffenden Bemessung der Gefahr veranlaßt sein.

In sehr vielen Fällen ist der erregende Einfluß des Alkohols nun gewiß nur durch derartige Lähmungen vorgetäuscht; aber daneben fehlt es doch nicht an Erscheinungen, die auch eine Reizung unabhängig von jeder Hemmungswirkung außer Zweifel stellen, und die Frage könnte also als erledigt angesehen werden, wenn sich hier nicht eine neue Schwierigkeit erhöbe. Dieser erregende Einfluß des Alkohols nämlich soll kein direkter sein, sich nicht unmittelbar auf die betreffenden nervösen Werkzeuge erstrecken, sondern nur auf einem Umwege zu stande kommen, indem zunächst andere Teile, namentlich die Magenschleimhaut getroffen und gereizt werden und die hier ausgelöste Wirkung sich dann erst, wie wir sagen, reflektorisch, d. h. rückwirkend, auf entferntere Gebiete fortpflanzt.

Zur Entscheidung dieser Frage hat man zahlreiche Versuche angestellt, Versuche an Tieren und Menschen, denen man wechselnde Mengen von Alkohol in den Magen oder — den

Tieren — auch in die Blutbahn bezw. unter die Haut gebracht, und bei denen man dann den Blutdruck oder die Zahl der Pulsschläge oder der Atemzüge ermittelt hat. Von ganz besonderer Bedeutung sind aber hier Beobachtungen, welche den Einfluß des Alkohols auf das Seelenleben zu prüfen berufen sind. Zu diesem Behufe läßt man die Versuchspersonen bestimmte Beschäftigungen, zu denen ein gewisses Maß geistiger Anstrengung erforderlich ist, einmal im nüchternen Zustande und dann nach Aufnahme einer geringeren oder größeren Menge Alkohol ausführen und vergleicht die erhaltenen Ergebnisse miteinander.

Unter den einschlägigen „psychophysischen" Verfahren seien hier z. B. die folgenden erwähnt: Man läßt einstellige Zahlen addieren und verzeichnet alsdann, wie viele Aufgaben in einer gemessenen Frist richtig gelöst worden sind; man läßt mehrstellige Zahlen auswendig lernen; man legt einen verstümmelten Text, in dem Silben und Worte fehlen, zur sinngemäßen Ergänzung vor; man mißt die Reaktionszeit, d. h. diejenige Zeit, welche verstreicht, bis die Versuchsperson auf ein gegebenes Signal hin eine verabredete Bewegung ausführt, z. B. den Taster eines elektrischen Apparates niederdrückt; man stellt die Assoziationszeit fest, d. h. wir rufen der Versuchsperson ein Wort zu, auf das sie möglichst rasch ein anderes erwidern muß, das in gewissem Zusammenhang mit jenem Reizwort stehen soll, wobei wir wieder äußere oder innere Beziehungen unterscheiden. Bei den ersteren könnte also z. B. auf das Reizwort „Rathaus" mit „Dach" oder „Fenster" oder „Türe", auf „Straße" mit „Straßenbahn" oder „Trottoir", bei den letzteren mit „Stadtverordneten" oder „Steuerpolitik" bezw. mit „Verkehr", oder „Polizei", geantwortet werden.

Derartige Versuche erlauben nun insofern eine Verwertung, als sie uns zeigen, daß unter dem Einfluß irgendwelcher reizender, das Nervensystem und die geistige Tätigkeit in Wahrheit anregender und erhöhender Wirkungen die Leistungen bessere werden, die Reaktions- oder Assoziationszeit sich verkürzen, während das umgekehrte eintritt, sobald sich Lähmungserscheinungen bemerkbar machen.

Aber auch das Gebiet der willkürlichen Bewegungen hat man in gleicher Weise der Prüfung unterworfen. Man läßt die Versuchsperson z. B. einen gebogenen Stahlreifen zusammendrücken und mißt die so von der Hand geäußerte Muskelkraft; oder man bedient sich eines von dem italienischen Forscher Mosso erfundenen Werkzeugs, des Ergographen, bei dem der gestreckte rechte Mittelfinger ein kleines Gewicht emporzieht und die erreichten Hubhöhen alsbald aufgezeichnet werden. Auch hier spiegelt sich die gesteigerte Erregbarkeit stets in höheren, die herabgesetzte in niedrigeren Ausschlägen wieder, und wir erhalten also Kenntnis von Veränderungen, die sich ihrer Feinheit halber sonst der Wahrnehmung völlig entziehen würden.

Immerhin macht die Deutung der so erzielten Befunde doch noch gewisse Schwierigkeiten. Die Ergebnisse der anfangs erwähnten Tierversuche z. B. gestatten nur bedingte Schlüsse auf den Menschen, die „psychophysischen" Methoden aber erfordern einmal einen außerordentlichen Aufwand an Übung, Geduld und Genauigkeit und haben ferner mit einem Umstand zu rechnen, der in der ganzen Frage überhaupt die größte Rolle spielt, nämlich mit den persönlichen und zeitlichen Schwankungen in der Empfindlichkeit der Menschen gegen den Alkohol.

Indessen läßt sich bei unbefangener Beurteilung des so gewonnenen Materials doch kaum noch an der Tatsache zweifeln, daß der Alkohol 1. neben und außer seiner lähmenden auch eine erregende Wirkung besitzt, die 2. teils eine unmittelbare, zentrale ist, teils von der Magenschleimhaut aus reflektorisch zur Geltung gelangt, daß ferner 3. diese erregende Wirkung des Alkohols in erster Linie die einfachen Bewegungen erleichtert, und daß sie endlich 4. vorzüglich bei kleinen Gaben und im Anfang hervortritt, allmählich aber, bei großen Mengen sogar sofort, von der lähmenden verdeckt und erdrückt wird.

Dieser Auffassung entsprechen auch die Erscheinungen, die wir im gewöhnlichen Leben als Folgen eines einmaligen Alkoholgenusses beobachten können. Die kecken, unbefangenen und unbesonnenen Handlungen, die heitere, ausgelassene Stimmung infolge der Trübung und Lähmung des Urteils, die Geschwätzigkeit, die lebhaften Bewegungen, bis dann weiter die Hemmungswirkungen in den Vordergrund treten; die Leute werden stiller, versinken in sich selbst, achten nicht mehr auf ihre Umgebung, und schließlich kann ein schwerer gemütlicher Zusammenbruch erfolgen: derselbe Mensch, der vielleicht eine halbe Stunde zuvor noch auf den Höhen seiner Zeit zu wandeln wähnte und sich jeder Zoll ein König dünkte, fühlt sich jetzt nur noch als ein elendes Miseräbelchen.

Begreiflicherweise ist es nun von größter theoretischer und praktischer Wichtigkeit, die Grenze zu bestimmen, wo die erwünschten erregenden Eigenschaften des Alkohols von den schädlichen und lähmenden abgelöst und überholt werden, und so hat sich denn auch die einschlägige Forschung dieser Frage mit besonderem Eifer gewidmet. Nach den Untersuchungen der verschiedensten Gelehrten sollen etwa 30—40 ccm reinen Äthylalkohols diejenige Menge darstellen, die im Laufe eines Tages vom Durchschnittsmenschen ohne erkennbaren Nachteil vertragen werden kann. Aber allgemeine und unbedingte Gültigkeit kann diese Zahl schon deshalb nicht beanspruchen, weil hier wieder die persönliche Empfindlichkeit eine sehr bedeutsame Rolle spielt; namentlich sei hervorgehoben, daß Kinder und nervös veranlagte Personen dem lähmenden Einfluß des Alkohols in viel höherem Maße ausgesetzt sind als gesunde Menschen, und daß sich umgekehrt die wohltätige und belebende Wirkung besonders bei ermüdeten und körperlich erschöpften Individuen bemerkbar macht. Indessen muß doch dieser letzten Tatsache gegenüber darauf verwiesen werden, daß die höchsten körperlichen Leistungen ohne jede Unterstützung durch den Alkohol, ja sogar gerade bei völligem Verzicht erzielt werden. Das lehren uns vor allen Dingen die Erfahrungen auf manchen Gebieten des Sports, und die Ruderer, die Radler, die Turner beispielsweise, die sich auf Wettkämpfe rüsten und vorbereiten, müssen sich oft vorher ehrenwörtlich verpflichten, für längere Zeit dem Genusse des Alkohols durchaus zu entsagen. Erscheint die Lehre von dem „kräftigenden" Einfluß des Alkohols schon danach in sehr fragwürdigem Lichte, so widersprechen ihr auch andere Beobachtungen auf das entschiedenste. So zeigten sich im englischen und amerikanischen Heere die „Totalabstainers", die ganz Enthaltsamen, allen Anstrengungen sehr viel besser gewachsen als ihre Kameraden; so sind die meisten Walfischfänger strenge Abstinenzler, so die Schweizer Scharfschützen u. s. f., und daß sich die Dinge auf dem freilich sehr viel schwerer zu beurteilenden Gebiete der geistigen Leistungen ebenso verhalten werden, können wir mit größter Bestimmtheit annehmen.

Wenden wir uns nun den Folgen des fortgesetzten Alkoholgenusses, des chronischen Alkoholismus zu, so müssen wir hier aus naheliegenden Gründen auf die Hilfe des Versuchs und also auf die Kenntnis der feineren Störungen namentlich des Seelenlebens, wie sie uns das psychophysische Experiment enthüllt, fast ganz verzichten und uns auf die grobe Beobachtung des Gewohnheitstrinkers beschränken. Auch hier tritt nun zunächst wieder die verschiedene persönliche Widerstandskraft gegen die giftigen Eigenschaften des Alkohols in deutlicher Weise hervor. Während sich in den weitaus meisten Fällen unter dem dauernden Einfluß größerer Alkoholmengen früher oder später eine schwere Beeinträchtigung der Gesundheit und des Wohlbefindens einstellt, wird doch fast jeder aus dem Kreise seiner näheren oder weiteren Bekanntschaft auch einige Beispiele dafür anführen können, daß der Jahre und Jahrzehnte hindurch betriebene zweifellose Mißbrauch alkoholischer Getränke ohne offenbaren Schaden für Leib und Seele geblieben sei. Aber derartige Vorkommnisse sind doch die entschiedenen Ausnahmen von der Regel, und meist wird eine genaue und sachverständige Prüfung auch bei ihnen die Spur des gefährlichen Feindes entdecken.

Zuerst und vor allen Dingen sind es auch beim chronischen Alkoholismus wieder die nervösen Teile, die angegriffen werden; in ausgesprochenen Fällen zeigen namentlich die wichtigsten Zellen und Fasern in den sogenannten Zentralorganen, in Hirn und Rückenmark, schwere Veränderungen, die ihre vollständige Vernichtung zur Folge haben können; aber auch in den peripheren, im Körper sich verbreitenden Nerven, in den Leitungsbahnen, die die äußeren Eindrücke aufnehmen oder die Befehle des Willens zu den Muskeln befördern, sind derartige Erkrankungen bemerkt worden.

Daß solche Verwüstungen in unseren vornehmsten Organen weitere Folgen haben müssen, liegt auf der Hand. So finden wir denn auch beim Gewohnheitstrinker eine ganze Stufenleiter von nervösen Störungen, wie sie namentlich Ziehen in einem lesenswerten kleinen Aufsatz mit trefflichen Worten geschildert hat. Zuerst leiden die Schlagfertigkeit, die Kraft und Ergiebigkeit des Denkens, während Gedächtnis und Urteilsvermögen noch erhalten geblieben sind. Derartige Leute verrichten ihre alltäglichen Berufsgeschäfte ohne Fehler, in gewöhnlichen Dingen handeln und denken sie einwandsfrei, abends am Biertisch ergehen sie sich mit seichter Behaglichkeit in stets denselben kleinen Witzen und Redensarten. Allmählich aber wird die Armut an neuen, selbständigen Gedanken immer auffälliger, zu regelmäßiger, gesammelter geistiger Tätigkeit fehlt die Kraft, im Gespräch, beim Lesen, beim Schreiben versagen sie, sobald es sich um ein neues, fremdes Gebiet handelt. Damit verbindet sich eine eigenartige Abstumpfung des Gefühlslebens, das sich mehr und mehr einengt, auf Beruf, Familie und Biertisch beschränkt, während der Sinn für die großen Schätze und Güter dieser Welt, für Kunst, Wissenschaft und Natur völlig verloren geht.

Sind das die leichtesten Grade des Übels, denen man tausendfältig begegnet und die uns deshalb vielfach gar nicht mehr auffallen, gar nicht mehr als krankhafte oder nur ungewöhnliche Zustände erscheinen, so werden bei den schwereren Formen die Veränderungen doch meist auch dem oberflächlichen Beobachter bemerkbar. Das Gedächtnis hat an Schärfe und Umfang abgenommen, die Urteilskraft versagt gegenüber irgendwie verwickelten Verhältnissen, das Berufsinteresse und der Familiensinn gehen langsam unter, die Rohheiten gegen die Angehörigen, namentlich die unbegründeten Eifersuchtsszenen gegen die Ehefrauen, ein besonders häufiges und bemerkenswertes Kennzeichen der Trinker, häufen sich, die Wahrheitsliebe schwindet, und endlich treten ausgesprochene geistige Störungen und Erkrankungen der verschiedensten Art auf, deren bekannteste der sogenannte Säuferwahnsinn, das Delirium tremens ist, während in vielen anderen Fällen unheilbarer Blödsinn das traurige Ende bildet. Nach den Ermittelungen und Schätzungen unserer erfahrensten Irrenärzte ist bei mindestens 25% ihrer

Tabelle Nr. 1.

Alkoholismus und Geisteskrankheit.

Es waren durch den Trunk erkrankt unter den Insassen der Irrenanstalten:

Friedrichsberg bei Hamburg	1882—1893	unter 3328 Aufnahmen 725 = 21,8%
	1894—1896	bei den männl. Kranken = 23,2%
Städtische Irrenanstalt in Bremen	1876—1885	unter 794 Männern 391 = 49,2%
		„ 429 Frauen 23 = 5,4%
		„ 1223 im ganzen 414 = 33,9%
Irrenanstalt in Frankfurt a. M.	1894—1895	bei den Männern 12,1%
	1895—1896	„ „ „ 16,4%
	1896—1897	„ „ „ 18,3%
	1897—1898	„ „ „ 26,7%
Berlin, Neue Charité (Abt. für Geisteskranke)	1889—1891	unter 4784 2260 = 47,2%
Städtische Anstalt Herzberge	1895—1896	unter 623 Männern 280 = 44,9%
	1896—1897	„ 632 „ 314 = 49,7%
	1897—1898	„ 1027 Männern und Weibern 34,96%
	1898—1899	„ 1039 Männern und Weibern 39,4%

(Hoppe, Die Thatsachen über den Alkohol. S. 197—199.)

Kranken der Alkohol die eigentliche, wenn nicht alleinige Ursache des Leidens, wie es Ihnen z. B. auch die Tabelle Nr. 1 zeigt, und mit Recht hat man deshalb darauf hingewiesen, daß man mehr als den vierten Teil unserer Irrenanstalten schließen könne, wenn es gelänge, den Alkoholteufel aus dem Lande zu jagen.

Nächst dem Nervensystem sind es die Verdauungswerkzeuge, die unter dem fortgesetzten Mißbrauch erkranken. Hartnäckige Rachen-, Magen- und Darmkatarrhe sind ganz gewöhnliche Erscheinungen bei Trinkern, namentlich aber pflegt die Leber der Sitz umfangreicher Veränderungen zu werden, die die Leistung dieses wichtigen Organs auf das schwerste beeinträchtigen. Die gesunden Leberzellen entarten, sie gehen zu Grunde und werden durch faserige Massen von Bindegewebe ersetzt, das dann der Schrumpfung anheimfällt: es entwickelt sich die erst deutlich vergrößerte und verdickte, später verkleinerte und steinharte Säuferleber.

Vom Magen und vom Darm aus gelangt der Alkohol zunächst in den Kreislauf, in den Blutstrom, und so erklärt es sich, daß auch die Teile des letzteren, Herz und Gefäße, häufig genug in Mitleidenschaft gezogen werden. Besonders sei hier eine Erkrankung des Herzens erwähnt, auf die manche bayerische Ärzte in den letzten Jahren die Aufmerksamkeit gelenkt haben, und die wenn nicht in unmittelbarem, so doch in mittelbarem Zusammenhange mit dem Mißbrauch des Alkohols steht. Der letztere wird bekanntlich so gut wie niemals als solcher, in reinem Zustande, sondern stets mit mehr oder minder großen Mengen von Wasser gemischt genossen und so die Gesamtmasse der aufgenommenen Flüssigkeit in erheblichem Grade gesteigert. Eine derartige Verdünnung des gefährlichen Giftes ist an sich gewiß sehr erwünscht und auch der Grund, daß das alkoholärmste der geistigen Getränke, das Bier, die schädlichen Eigenschaften am wenigsten oder spätesten hervortreten läßt. Aber auf der anderen Seite fällt damit doch die natürliche Schranke, die sonst der Aufnahme Halt gebietet, und so sehen wir in der Tat, daß gerade das Bier häufig in wahrhaft ungemessenen Mengen vertilgt wird. Namentlich im gelobten Bierlande, in Bayern, gehört der tägliche Genuß von 6—8—10 l Bier, d. h. von 12—16—20 Pfund und mehr keineswegs zu den Seltenheiten, und daß eine derartige Überschwemmung des Körpers mit Flüssigkeit nicht ohne üble Folgen bleiben kann, liegt auf der Hand. Die ganze Menge wird von Magen und Darm aufgesogen, gelangt in den Blutstrom und so in das Herz, das nun vor der Aufgabe steht, diese riesige Zufuhr zu bewältigen und so lange immer wieder durch den Körper zu pumpen, bis besonders die Nieren Abhilfe schaffen und den Kreislauf entlasten. Dadurch wird das Herz in mehr oder minder erheblichem Maße überanstrengt, es kommt zu einer Erweiterung seiner Höhlen, zu einem Versagen seiner Klappen, zu einer Verdickung seiner Muskulatur, seiner Wandungen und damit zu jener allgemeinen Vergrößerung dieses Organs, der man nach ihrer Ursache geradezu den Namen „Bierherz" gegeben hat.

Daß ein solches dann unter Umständen seinen Dienst versagt und seinen Träger zu raschem, plötzlichem Tode verurteilt, ist ohne weiteres begreiflich und erklärt uns die zahlreichen Sterbefälle an Herzschwäche, Herzschlag u. s. w., die gerade bei Biertrinkern beobachtet werden. So erwähnt Prof. Bollinger in München, daß er in den Jahren 1885 bis 1895 bei 244 unter 5700 Leichen eine Herzerweiterung, ein Bierherz, habe feststellen können; bei 6,6% aller Männer war das der Fall, d. h. der 16. Teil von ihnen hatte sich zu Tode getrunken, und Sendtner in München fügt hinzu, daß unter 1058 Todesfällen dort bei 126 = 11,9% handgreifliche Herzerkrankungen vorlagen. (Vergl. auch Tabelle Nr. 2.)

Tabelle Nr. 2.

Sterblichkeit an Herzkrankheiten in den Biergewerben

im Verhältnis zur Sterblichkeit an denselben Leiden bei der Münchener Gesamtbevölkerung in den verschiedenen Altersgruppen.

(Nach Sendtner: „Über Lebensdauer und Todesursachen bei den Biergewerben", München 1891.)

Altersgruppe	Wirte	Wirtinnen	Brauer	Gesamtbevölkerung Münchens	
				männliche	weibliche
	%	%	%	%	%
20—30 Jahre .	13,2	8,6	6,0	5,6	3,9
30—40 „ .	14,0	13,7	9,0	8,6	7,4
40—50 „ .	21,2	19,0	8,1	11,8	10,6

Aber auch abgesehen von diesem besonderen Fall werden die Wunden, die der Alkohol den lebenswichtigsten inneren Teilen schlägt, nicht ohne weitere Folgen und Wirkungen bleiben können. Namentlich veranlassen die Erkrankungen des Magens und des Darms, der Leber und der Niere häufig schwere Störungen auf dem Gebiete des Stoffwechsels. Gicht und Zuckerkrankheit werden bei Trinkern sehr viel häufiger beobachtet als bei anderen Menschen, vor allen Dingen aber kommt es auch oft zu unnatürlicher Fettbildung, zur Verfettung der Gewebe, beispielsweise wieder des Herzens und der Leber, sowie zu einer Beeinträchtigung des allgemeinen Ernährungszustandes. Der Gewohnheitstrinker ist gerade hier fast immer in Unordnung: der Schnapstrinker schon seines chronischen Magendarmkatarrhs halber unterernährt, der Biertrinker umgekehrt überernährt und zur Fettsucht neigend.

Diese Verhältnisse führen dann auch in der Regel zu einer Verringerung der Widerstandskraft des Körpers gegen sonstige Schädigungen der verschiedensten Art, so namentlich gegen die ansteckenden Krankheiten. Wo Seuchen auftauchen, befallen sie in erster Linie die Trinker und raffen sie dahin. Mit Recht hat daher schon 1848 bei der in Glasgow herrschenden Choleraepidemie Dr. Adams vorgeschlagen, über jede Schnapskneipe die Worte zu setzen, „hier wird Cholera verkauft", und genau ebenso liegen die Dinge beim Typhus, bei der Lungenentzündung, bei der Schwindsucht und allen anderen ähnlichen Leiden. Auch im Versuche läßt sich gerade diese Wirkung des Alkohols unschwer nachweisen; einschlägige Experimente, wie sie jüngst in besonders umfassendem Maßstabe auch in meinem Laboratorium von Prof. Laitinen ausgeführt worden sind, haben das übereinstimmende Ergebnis geliefert, daß Tiere, denen man gewisse Mengen Alkohol eingeflößt, der Impfung mit bestimmten Bakterien, wie den Erregern der Eiterung, des Milzbrandes, der Tuberkulose u. s. f. sehr viel rascher und sicherer erliegen, als die normalen Vergleichstiere. Erwähnt sei in diesem Zusammenhange endlich auch noch der verhängnisvolle Einfluß, den das Tropenklima erfahrungsgemäß auf alle diejenigen Einwanderer ausübt, die dem Alkoholgenuß fröhnen. Gerade die hervorragendsten Afrikaner, wie Stanley, Livingstone, Emin Pascha, Graf Goetzen u. s. f. fordern daher auch mit Nachdruck für den Aufenthalt in den Tropen den vollständigen Verzicht auf den Alkohol, und die Stimmen mehren sich, die die wichtige Frage der Akklimatisation, d. h. der dauernden Ansiedelung in den Tropen, für nahezu gleichbedeutend mit der der Enthaltsamkeit vom Alkohol erklären.

Nach alledem wird es ohne weiteres verständlich, daß der fortgesetzte Genuß des Alkohols oft genug eine mehr oder minder erhebliche Verkürzung der durchschnittlichen Lebensdauer des Menschen hervorruft. Ich kann Ihnen, um diese Tatsache zu veranschaulichen, eine ganze Reihe von zahlenmäßigen Zusammenstellungen vorführen, die wohl kaum noch einer Erläuterung bedürfen, vielmehr mit lauter, warnender Stimme für sich selbst sprechen und auf die ich bei der Kürze der Zeit, die mir zur Verfügung steht, daher auch nur mit zwei Worten eingehen will.

Tabelle Nr. 3.

Lebenserwartung in verschiedenen Lebensaltern.

(Nach Sendtner, Lebensdauer und Todesursachen bei den Biergewerben, München 1891.)

	Allgemeine Bevölkerung	Brauer	Gastwirte	Gastwirtinnen
Mit 20 Jahren . .	41,5	22,3	31,3	31,9
„ 30 „ . .	34,4	16,3	22,4	24,4
„ 40 „ . .	27,3	14,3	17,1	19,1
„ 50 „ . .	20,2	11,4	13,7	13,5
„ 60 „ . .	13,8	8,6	10,5	6,5

Zunächst mache ich Sie auf die Tabellen 3, 4 und 5 aufmerksam, die Ihnen zeigen, daß die Lebenserwartung und Lebensdauer der im Alkoholgewerbe beschäftigten Menschen stets eine viel geringere ist, als die der anderen Bevölkerung.

Aber nicht nur die der Alkoholgefahr am meisten ausgesetzten Berufszweige werden so von der verheerenden Wirkung des Giftes heimgesucht; auch unter den „Mäßigen" findet die gleiche Ursache ihre Opfer. Allerdings dürfen wir dabei nicht vergessen, daß als mäßige Trinker oft genug Menschen bezeichnet werden und sich namentlich gerne selbst so bezeichnen, die auf diesen Titel wahrlich keinen Anspruch haben, die wir vielmehr im Lichte unserer jetzigen Kenntnisse ohne weiteres als Unmäßige betrachten müssen, d. h. Leute, die einem dauernden, regelmäßigen Genuß geistiger Getränke huldigen und davon Mengen zu sich nehmen, die, wie wir später noch genauer sehen werden, ohne Zweifel über die allenfalls zulässige Grenze weit hinausgehen.

Tabelle Nr. 4.

Sterblichkeit in einzelnen Lebensaltern.

Die Sterblichkeit der gesamten übrigen gleichaltrigen Bevölkerung = 100 gesetzt.

	Brauer	Gastwirte und Kellner
15—20 Jahre .	105	94
20—25 „ .	110	135
25—35 „ .	149	207
35—45 „ .	153	197
45—55 „ .	149	171
55—65 „ .	148	144
über 65 „ .	126	101

(Hoppe, Die Thatsachen über den Alkohol, S. 186.)

Immerhin ist es doch von großem Interesse, in diesem Zusammenhange die Erfahrungen einiger englischen Lebensversicherungsgesellschaften und Krankenkassen zu betrachten, die angesichts der großen, Millionen betragenden Zahl von völlig

Tabelle Nr. 5.

Es erreichen	Brauer	Männer sonst	Frauen sonst
	%	%	%
das 50. Lebensjahr .	28,3	53,5	65,1
„ 60. „ .	14,0	34,7	47,8
„ 70. „ .	6,1	16,3	28,1

Enthaltsamen dort seit längerer Zeit zwei getrennte Abteilungen eine für „Abstinenten" und eine für „Mäßige", unter Ausschluß aller offenbaren Säufer, eingerichtet und ohne Ausnahme festgestellt haben, daß die Enthaltsamen eine viel größere Lebensdauer haben oder, anders ausgedrückt, viel weiter hinter der berechneten und erwarteten Durchschnittssterblichkeit zurückbleiben, als die Mäßigen. (Vergl. Tabelle Nr. 6 u. 7.)

Tabelle Nr. 6.

Lebensdauer der Abstinenten und der „Mäßigen".

	Abstinenten		Allgemeine Abteilung	
	erwartete Todesfälle	eingetretene Todesfälle	erwartete Todesfälle	eingetretene Todesfälle
a) United Kingdom temperance and general Provident-Association, 1866-1899	8048	5724 = 71%	10 869	10 469 = 96,3%
b) Sceptre life association, 1884-1898	926	522 = 56,37%	1658	1332 = 80,34%

Ferner sei verwiesen auf die Ergebnisse, zu denen man bei genauen Erhebungen über den Einfluß des Alkohols auf

Tabelle Nr. 7.

Sterblichkeitslisten der englischen Kranken- und Sterbekassen.

Alter	Sterblichkeit bei den Abstinenten auf 100 000	In allen Kassen zusammen auf 100 000
25	508 = 88,8 %	572 = 100 %
30	512 = 72,9 „	709 = „
35	545 = 60,4 „	902 = „
40	646 = 60,6 „	1066 = „
45	857 = 64,6 „	1328 = „
50	1197 = 69,2 „	1730 = „
55	1719 = 71,1 „	2389 = „
60	2515 = 73,4 „	3402 = „

Tabelle Nr. 8.

Sterblichkeit an Alkoholismus in Basel 1879—1897.

Im Alter von 30—60 Jahren starben Männer			Die Sterblichkeit an Alkoholismus betrug in Prozenten der Gesamtsterblichkeit auf die einzelnen Altersklassen 1879—1897						
	überhaupt	an Alkoholismus	bei den Verstorbenen im Lebensalter von	1879 bis 1891	1892	1893	1894	1896	1897
				%	%	%	%	%	%
1879—1881	580	45 = 7,75 %	20—30 J.	2,4		2,0	2,1	7,5	
1882	180	9 = 5 „	30—40 „	6,4	15,5	8,1	10,4	7,1	12,1
1883	196	14 = 7,1 „	40—50 „	9,2	18,5	24,3	14,6	9,0	14,1
1884	160	12 = 7,5 „	50—60 „	6,8	8,1	21,3	11,6	13,4	19,4
1885	186	8 = 4,3 „	60—70 „	3,3	3,3	6,1	13,1	8,2	5
1886	223	13 = 5,8 „	70—80 „	1,0	2,0	4,0	1,8	7,7	5
1887	194	19 = 9,8 „							
1888	188	14 = 7,4 „							
1889	217	20 = 9,2 „							
	2124	154 = 7,3 %	20—80 J.	5,3	8,4	12,3	9,9	8,6	10,5

die zum Tode führenden Erkrankungen gelangt ist. Besonders zuverlässige Zahlen verdanken wir hier der amtlichen Medizinalstatistik der Schweiz, z. B. der Stadt Basel, wo seit vielen Jahren alle Sterbefälle infolge oder unter Mitwirkung des Alkoholismus in einer eigenen Rubrik verzeichnet werden. Eine so entstandene Tabelle sehen Sie hier. (Tab. Nr. 8.) Es erhellt daraus, daß jeder vierzehnte, in manchen Jahren jeder zehnte Mann von allen im Alter zwischen 30 und 60 Jahren Gestorbenen an den unmittelbaren oder mittelbaren Folgen des Alkoholismus zu Grunde gegangen ist, und daß sich seit 1891 sogar eine bedeutende Steigerung in dieser Richtung bemerkbar

Tabelle Nr. 9.

Der Alkohol als Todesursache in der Schweiz

nach der offiziellen Statistik.

Es starben Männer in den 15 größeren Städten (von mehr als 5000 Einwohnern) mit etwa 560000 Einwohnern

Im Jahre	20—40 Jahre		40—60 Jahre		Über 60 Jahre	
	im ganzen	durch Trunk	im ganzen	durch Trunk	im ganzen	durch Trunk
1891	919	107 = 11,6 %	1239	183 = 14,8 %	1251	76 = 6,2 %
1892	852	82 = 9,6 „	1242	201 = 15,7 „	1209	78 = 6,5 „
1893	973	116 = 11,9 „	1455	220 = 15,1 „	1423	78 = 5,5 „
1894	947	113 = 11,9 „	1388	215 = 15,5 „	1301	78 = 6,0 „
1895	992	101 = 10,2 „	1472	232 = 15,8 „	1386	80 = 5,8 „
1896	962	86 = 8,9 „	1411	221 = 15,7 „	1385	79 = 5,7 „
1897	958	111 = 11,6 „	1385	215 = 15,5 „	1389	91 = 6,6 „
1898	1084	103 = 9,5 „	1436	228 = 15,9 „	1435	83 = 5,8 „
1899	1013	99 = 9,8 „	1477	233 = 15,8 „	1419	76 = 5,4 „
1891 bis 1899	8700	918 = 10,5 %	12545	1948 = 15,5 %	12178	719 = 5,9 %

macht. Im Jahre 1892 ist z. B. von der Altersstufe zwischen 40—50 Jahren jeder fünfte bis sechste, 1893 jeder vierte Mann dem Alkoholismus erlegen.

Daß es in den übrigen Schweizer Städten nicht anders aussieht, lehrt Tab. Nr. 9; sie zeigt, daß in den Gemeinden mit mehr als 5000 Einwohnern, für die allein genaue Ziffern vorhanden sind, im Alter von 20—40 Jahren jeder zehnte, im Alter von 40—60 Jahren jeder sechste Mann durch den Alkohol dahingerafft wird! Wenn man erwägt, daß die Kranken oder ihre Angehörigen die vorhandene Trunksucht meist nur recht widerwillig und zögernd einräumen, so gewinnen diese Zahlen gewiß noch erhöhte Bedeutung. Daß aber bei uns in Deutschland die Dinge sicherlich ganz das gleiche Gesicht zeigen, das läßt sich einmal schon aus allgemeinen Gründen vermuten, wird aber noch wahrscheinlicher, wenn wir z. B. erfahren, daß 1899 nur in die preußischen Krankenanstalten nicht weniger als 13610 männliche und 776 weibliche Personen aufgenommen worden sind, bei denen Alkoholismus festgestellt wurde. Und wie schwer entschließen sich auch bei uns selbst die Ärzte zu dieser Diagnose!

Tabelle Nr. 10.

Unfälle auf die Wochentage verteilt.

Bericht der Münchener freiwilligen Rettungsgesellschaft für 1894—1896.

	1894 u. 1895	1896
Montag	17,38 %	16,53 %
Dienstag	15,63 „	14,27 „
Mittwoch	11,37 „	12,98 „
Donnerstag	12,03 „	14,44 „
Freitag	14,31 „	12,93 „
Samstag	13,35 „	12,76 „
Sonn- und Feiertage . .	15,93 „	16,09 „

Endlich aber spielt der Alkohol noch als ganz unmittelbarer Feind des Lebens und der Gesundheit ohne vorausgegangene Krankheit eine unheilvolle Rolle bei der Entstehung der Unfälle in den gewerblichen Betrieben. So weit wir hier über statistische Forschungen verfügen, lehren sie mit größter Deutlichkeit und Übereinstimmung, daß an demjenigen Arbeitstage, der am meisten unter dem Einfluß des Alkohols steht, am Montag nämlich, die Zahl derartiger Vorkommnisse stets die größte Höhe erreicht, während man nach dem vorausgegangenen Sonntage, dem „Ruhetage", gerade das Gegenteil erwarten sollte, wenn eben der Sonntag nicht statt dessen in der Regel nur ein „Sauftag" wäre. (Tab. Nr. 10 u. 11.)

Tabelle Nr. 11.

Unfälle bei der Baugewerksgenossenschaft I Berlin

von 1885 bis 1898. — 25 295 Unfälle.

Tage	%
Montag	18,7
Dienstag	15,6
Mittwoch	15,6
Donnerstag	16,2
Freitag	16,4
Sonnabend	16,6

Sie sehen, das Sündenregister des Alkohols ist ein recht langes und umfängliches, obwohl ich mich absichtlich darauf beschränkt habe, nur die allerwichtigsten Punkte aus der ungeheueren Fülle des Stoffes herauszugreifen. Wollte man hier ins Einzelne gehen, so würden Stunden nicht ausreichen und die Anklageschrift zu einem gewaltigen Bande anschwellen. Aber eine Tatsache sei hier doch noch kurz berührt, ein besonders schwerer Vorwurf, der gegen den Alkohol erhoben werden muß: seine verderbliche Einwirkung auf die Nachkommenschaft der Trinker. Mit Recht wird hier immer wieder auf die genauen Erhebungen des verstorbenen Kinderarztes Demme in Bern hingewiesen, der mit Sorgfalt und Spürsinn das Schicksal der Kinder aus notorischen Trinkerfamilien durch Jahrzehnte hindurch verfolgt hat und zu so erschreckenden Ergebnissen gelangt ist, wie Sie sie dort auf Tab. Nr. 12 vor sich sehen. Auch Piper in

Tabelle Nr. 12.

Statistik über die Nachkommen von 10 Trinker- und 10 mäßigen Familien

von 1878 bis 1890.

(Nach Demme, Über den Einfluß des Alkohols auf den Organismus des Kindes, Stuttgart 1891, S. 37 ff. u. S. 80.)

Von den Kindern	in den 10 Trinkerfamilien mit 57 Kindern	in den 10 mäßigen Familien mit 61 Kindern
starben in den ersten Lebenstagen an Lebensschwäche	12 } 25 = 43,8 %	3 } 5 = 8,2 %
starben in den ersten Lebensmonaten an Krämpfen und Darmkatarrhen	13	2
waren Idioten	6 = 10,5 „	
zeigten angeborene Mißbildungen	5 = 8,7 „	2 = 3,3 „
zeigten auffallendes Zurückbleiben im Längenwachstum (Zwergwuchs)	5 = 8,7 „	
wurden im Knabenalter epileptisch	5 = 8,7 „	
erkrankten an Veitstanz	1 = 1,8 „	2 = 3,3 „
entwickelten sich geistig langsam		2 = 3,3 „
„ „ körperlich normal	22 = 38,8 „	54 = 88,5 „
„ „ körperlich u. geistig normal	10 = 17,5 „	50 = 81,9 „

Dalldorf hat für fast 20 % der dortigen Idioten offenkundige Trunksucht des Vaters oder der Mutter als Ursache angesprochen; ganz in dem gleichen Sinne lauten die Erfahrungen und Ansichten zahlreicher anderer Irrenärzte, und wie es Gerhart Hauptmann in seinem grausigen Sittengemälde „Vor Sonnenaufgang" geschildert, so wird hier wirklich die Sünde der Väter heimgesucht bis in das dritte und vierte Glied. Geistiges und körperliches Siechtum ist das Erbe, das die Kinder der Trinker empfangen, die Bahn des Lasters und des Verbrechens ihr Lebensweg, das Zuchthaus oder Irrenhaus der meisten endliches Los.

Wahrlich ein düsteres Bild, das die Folgen des Alkoholismus vor uns entrollt. Geflissentlich habe ich dabei alle Übertreibungen vermieden; es bedarf hier keiner Aufbauschung und Nachhilfe, und gerade die einfachste Schilderung wird vielleicht auf denjenigen, der überhaupt hören und sehen will, am ergreifendsten wirken. Aber neben den tiefen Schatten fehlt doch auch das Licht nicht ganz. Die Gerechtigkeit fordert, dem Alkohol auch seine guten Eigenschaften zu lassen und nicht ohne weiteres in den unbedingten Verdammungsruf der Fanatiker einzustimmen.

Der Alkohol ist zunächst in manchen Fällen ein brauchbares Heilmittel, auf das der Arzt nur ungern Verzicht leisten würde. Gewiß hat es hier nicht an argen Übertreibungen gefehlt. Noch in der zweiten Hälfte des eben abgelaufenen Jahrhunderts z. B. spielte der Alkohol im Arzneischatze vieler Ärzte eine geradezu verhängnisvolle Rolle, und auch heute noch wird er meines Erachtens bei der Behandlung der Infektionskrankheiten in übertriebenem Umfange und ohne diejenige Vorsicht angewandt, die bei einem so gefährlichen und zweischneidigen Mittel geboten wäre.

Die heilende Wirkung des Alkohols beruht einmal auf seinen erregenden Eigenschaften. Namentlich bei plötzlichen Schwächezuständen, bei drohenden Lähmungen des Gehirns oder des Herzens, bei denjenigen Erscheinungen also, die der Arzt als Kollaps bezeichnet, erweist er sich in der Form des Weins oder des Branntweins unter Umständen als lebensrettende Arznei, die über die gefährlichsten Augenblicke hinweghilft. In anderen Fällen wird gerade umgekehrt sein lähmender Einfluß nützlich. Er beruhigt die seelisch Erregten, er lindert den Schmerz der Verwundeten, er bringt den Schlaflosen den ersehnten Schlummer. Freilich soll man sich hüten, von dieser letzteren Eigenschaft allzu weitgehenden Gebrauch zu machen. Die unbedachte Empfehlung des Alkohols als Schlafmittel, wie sie von Laien und leider auch von Ärzten beliebt wird, hat schon manchen der Trunksucht in die Arme getrieben. Der Alkohol sollte daher vom Arzte stets als eigentliche Medizin verordnet, in ganz bestimmter Menge verschrieben und nicht, wie das vielfach geschieht, in oberflächlichster Weise mit den Worten empfohlen werden: „trinken Sie Abends ein paar Glas Rotwein oder Bier". Das ist in der Tat ein außerordentlich bedenklicher Rat, da sich die Wirkung des Alkohols, wie so vieler ähnlicher Stoffe allmählig abstumpft; um den gleichen Erfolg zu erzielen, müssen immer größere Mengen zur Anwendung gelangen, und so verwandelt sich das anfängliche Medikament bald in ein furchtbares und doch so unentbehrliches Gift. Wo es sich nicht um eine rasch vorübergehende, sondern um eine dauernde, hartnäckige oder auch nur häufigere Schlaflosigkeit handelt, sollte man deshalb dieses Mittel ängstlich meiden, das nur anscheinend harmlos, in Wahrheit aber schon deshalb so gefährlich ist, weil es jedem zugänglich ist und überall zur Verfügung steht.

Auch um die Verdauung, die Absonderung der Verdauungssäfte und die Aufsaugung der gelösten Nährstoffe zu befördern, wird der Alkohol angewendet und gern benutzt. In der Tat sprechen manche Beobachtungen dafür, daß wenigstens kleine Gaben einen derartigen Einfluß besitzen; aber gewiß beruhen die Erfolge des Alkohols nach dieser Richtung zum weitaus größten Teil auf Einbildung und Selbsttäuschung, auf der Lähmung und Betäubung der sogenannten Unlustgefühle nämlich, und verfügen wir über andere und völlig unschädliche Mittel, welche eine sehr viel sicherere und zuverlässigere Wirkung auf Magen und Darm ausüben.

Aber der Alkohol will nicht nur als Arzneimittel, sondern auch als Nahrungs- und Genußmittel gelten, und gerade diese Eigenschaften nehmen sogar unsere besondere Aufmerksamkeit in Anspruch. Der Alkohol ist ein außerordentlich leicht zersetzlicher Stoff, der im Körper unter Wärmeentwicklung verbrennt und in Kohlensäure und Wasser zerlegt wird. Insofern wirkt der Alkohol also tatsächlich als Nährstoff. Aber vielfache neuere Untersuchungen lassen diesen Vorzug doch in recht zweifelhaftem Lichte erscheinen. So hat es sich gezeigt, daß er die ihm früher vielfach nachgerühmte Fähigkeit, den kostbarsten Bestandteil unseres Leibes, das Eiweiß, durch seine eigene Zersetzung vor dem Verfall zu schützen, also ein wertvoller Eiweißsparer zu sein, tatsächlich nur in geringem Umfange besitzt.

Ist sein ehemaliger Nimbus damit schon in einem sehr wesentlichen Punkte zerstört, so ist seine Stellung als Nahrungsmittel doch noch viel ernsteren Angriffen ausgesetzt. Die bei der Verbrennung des Alkohols erzeugte Wärme nämlich kommt unserem Körper überhaupt kaum zugute. Die lähmende Wirkung, die schon kleinen Gaben anhaftet, veranlaßt, wie Sie gehört, eine Erweiterung unserer Hautgefäße, die von größeren Blutmengen durchströmt werden. Die Haut aber ist unser wärmeempfindendes Werkzeug; es überkommt uns deshalb nach dem Alkoholgenuß oft das Gefühl behaglicher Wärme, und so wird es verständlich, daß das Gift auch dieser Eigenschaft halber, als Wärmespender, geschätzt und beliebt ist, daß das Volk in der kalten Jahreszeit gern „einen auf die Lampe gießt", um das innere Feuer zu schüren. Aber dieser Erfolg ist ein völlig eingebildeter. Die Steigerung der Blutzufuhr zu unserer Körperoberfläche bedingt gerade umgekehrt eine starke Erhöhung der gesamten Wärmeabgabe, und der anfängliche Gewinn, der aus der Verbrennung des Alkohols herrührt, verwandelt sich rasch in sein Gegenteil. Die ärztliche Kunst hat dies längst erkannt; sie verwendet den Alkohol sogar als Fiebermittel, d. h. zur Herabsetzung der Körperwärme, und traut ihm also eine Leistung zu, die ein eigentlicher Nahrungsstoff gewiß nicht vollbringen könnte.

Der Alkohol erweist sich nach alledem als ein unzweckmäßiges und trügerisches Nahrungsmittel, das obendrein kostspielig und giftig ist, und daher wahrlich nicht empfohlen werden kann. Ich möchte diese Tatsache mit besonderem Nachdruck hervorheben, weil es einer der Glaubenssätze weiter Kreise und bestimmter politischer Parteien ist, daß der „Schnaps des armen Mannes nicht verteuert werden dürfe", der ihn als Stärkungsmittel, das Leib und Seele zusammenhalte, das seine Arbeitskraft steigere, oder wie die Redensarten sonst noch lauten mögen, nicht entbehren könne. Nichts irrigeres als dieses Vorurteil! Gerade dem Arbeiter sollte vielmehr schon der Trieb der einfachen Selbsterhaltung den Verzicht auf den Alkohol gebieten. Fast immer liegen hier die Dinge so, daß nicht, weil die sonstige

Kost eine mangelhafte ist, zuerst zur Flasche gegriffen wird, sondern umgekehrt, weil dem Alkohol ein allzu beträchtlicher Teil des gesamten wöchentlichen Verdienstes zum Opfer fällt, die Nahrungszufuhr unter das erforderliche Maß sinkt. So entsteht ein circulus vitiosus, ein unheilvoller Kreislauf schlimmster Art. Das Gefühl des Hungers und der Erschlaffung wird durch den Alkohol betäubt und in der Tat auf kurze Zeit beseitigt; aber bald kehrt es mit verstärkter Gewalt zurück, und nur größere Mengen von Alkohol vermögen es abermals zu bannen; für die wirkliche Ernährung bleibt immer weniger übrig, und schließlich bricht der müde Gaul, der nur die Peitsche, aber kein Futter bekommen, rettungslos zusammen. Besonders das Volk, besonders der Arbeiterstand sollte deshalb mit aller Kraft gegen den Alkohol zu Felde ziehen und selbst in der erhöhten Besteuerung von Wein und Bier oder im Alkoholmonopol nur ein Mittel begrüßen, den Verbrauch zu beschränken und so dem Feind zu begegnen.

Und endlich die Bedeutung des Alkohols als Genußmittel. Welcher ruhige und verständige Beurteiler, der nicht in den Banden einseitiger Gegnerschaft befangen, vermöchte sie zu leugnen? Wer will bestreiten, daß ein Glas guten Weines oder Bieres unseren Geschmacksnerven einen willkommenen und angenehmen Reiz bietet, und gewiß beruht gerade auf dieser Eigenschaft des Alkohols die allgemeine Verbreitung, die er fast zu allen Zeiten und fast bei allen Völkern der Erde gefunden hat, sowie die große Verführung zu seinem Gebrauch. Eine erfolgreiche Bekämpfung des Alkohols wird deshalb meines Erachtens auch zu einem nicht geringen Teile davon abhängig sein, daß wir ihn durch Ersatzgetränke verdrängen, die sich als wirkliche Genußmittel darstellen. Leider ist das noch immer nicht ganz gelungen; alle die bisher in den Handel gebrachten derartigen neuen und besonderen Erzeugnisse lassen noch zu wünschen übrig — sie sind entweder viel zu teuer oder in der Tat nichts weniger als ein „sogenannter Genuß", oder sie kranken meist sogar an beiden Fehlern. Der Fortschritt, den sie bieten, erscheint mir daher als ein höchst fragwürdiger, und ich für meinen Teil bleibe jedenfalls lieber bei den altbekannten Getränken, über die wir hier verfügen, bei den natürlichen Mineralwässern, beim Kakao, Tee und Kaffee.

Wohl hat man gegen die letzteren geltend gemacht, daß sie für den menschlichen Körper ebenfalls giftige Eigenschaften besäßen. Aber wenn dieser Vorwurf auch in der Theorie berechtigt sein mag, so ist er doch für die Praxis ganz bedeutungslos, da die Giftigkeit erst unter dem Einfluß so großer Mengen und namentlich so starker Konzentrationen hervortritt, wie sie nur höchst selten zur Anwendung gelangen. Auch dann aber lassen sie das Gehirn unberührt, verwirren nicht den Verstand, umnebeln nicht Geist und Sinne und rufen keine Bewußtlosigkeit hervor. Wenn daher auch z. B. der Kaffee, wie böse Zungen behaupten, den Charakter verdirbt, so hat sich doch selbst die begeistertste Kaffeeschwester noch keinen Rausch angetrunken und dürfen wir also getrost weiter an die Harmlosigkeit dieser Genüsse glauben. Eben deshalb ist es bedauerlich, daß man sie sich bei uns außerhalb seines Hauses nur so schwer beschaffen kann. Auf unseren Bahnhöfen, in unseren Wirtschaften, an jeder Straßenecke sind Bier und Wein in Hülle und Fülle zu haben und geradezu allgegenwärtig; seltener schon erhält man Kaffee und dann oft in welcher Gestalt! Das Verlangen nach Tee aber ruft vielfach eine wahre Revolution hervor und stößt auf unüberwindliche Schwierigkeiten. Wie anders z. B. im benachbarten Rußland, wo nicht, wie bei uns das Bier, sondern der Tee das Nationalgetränk ist, und der dampfende Samovar in keinem Hause, in keiner Wirtschaft fehlt. Daher ist auch dort, wie einer weit verbreiteten irrtümlichen Anschauung gegenüber besonders betont sein möge, die Trunksucht viel seltener als bei uns. Wohl betrinkt sich der gemeine Russe von Zeit zu Zeit, alle 3 bis 4 Wochen, einmal sträflich und sterblich, aber in der Zwischenzeit bleibt er nüchtern, und der ganz regel- und gewohnheitsmäßige Verzehr geistiger Getränke ist dort unbekannt, der durchschnittliche Verbrauch auf den Kopf der Bevölkerung deshalb ein viel geringerer.

Der weiteren Einführung von Kaffee, Tee, Schokolade in die breiten Schichten des Volkes als einer wichtigen Waffe im Kampfe gegen den Alkohol wäre daher gewiß das Wort zu reden, und mit aufrichtiger Freude habe ich es begrüßt, als mir der Schriftführer des Deutschen Vereins für Volkshygiene, Herr Dr. Beerwald, mitteilte, die Berliner Ortsgruppe dieses Vereins lasse jetzt Karren mit heißem Kaffee und Tee durch die Straßen von Berlin fahren. Ich möchte aber gerade bei dieser Gelegenheit die Aufmerksamkeit noch auf ein Getränk lenken, das mir hier durchaus am Platze zu sein scheint, und das ich vor Jahren in Köln kennen gelernt, aber leider bisher an anderen Stellen vergebens empfohlen habe. Es ist das eine Mischung von Kakao und Magermilch. Die letztere wird, wie Sie wissen werden, in den Molkereien gleichsam als Abfall- und Nebenerzeugnis gewonnen; sie ist nahezu wertlos und wird meist als Viehfutter verwendet. Versetzt man sie aber mit Kakao, so liefert sie ein recht wohlschmeckendes, erfrischendes und nahrhaftes Getränk, das zudem den großen Vorteil bietet, daß man es bei hohen Temperaturen sterilisieren und daher selbst im Sommer haltbar machen kann. Die Farbe des Kakao verdeckt die unter dem Einfluß der Erhitzung auftretende und sonst so unangenehme Bräunung der Milch, und ich bin überzeugt, daß sich dieses außerordentlich billige Gemisch, im Sommer gekühlt, im Winter erwärmt, bei einiger Mühe überall bald einbürgern dürfte.

Ich bin damit eigentlich am Ende meiner Ausführungen. Ich habe mich bemüht, unparteiisch Mängel und Vorzüge des Alkohols zu schildern, ohne daß ich wohl zu sagen brauche, auf welche Seite die Wagschale mit raschem und tiefem Ausschlage sinkt. Aber ich möchte doch nicht schließen, ohne aus meinen Erörterungen noch einige praktische Folgerungen für unser Verhalten gegenüber dem Alkohol gezogen und Ihnen dargelegt zu haben, wie wir uns mit Rücksicht auf unsere Gesundheit mit ihm abfinden sollen.

Zunächst muß die strengste Enthaltsamkeit, der unbedingte Verzicht für alle diejenigen gefordert werden, die durch besondere Empfindlichkeit gegen das Gift ausgezeichnet sind, in erster Linie für die Kinder bis etwa zum 14. Lebensjahre d. h. bis zum Eintritt der geschlechtlichen Reife. Glücklicherweise hat sich gerade hier auch im Laufe der letzten Jahre schon die richtige Anschauung Bahn gebrochen. Die Zeiten, wo man schon dem Säugling eine besondere Wohltat zu erweisen, seinen Körper zu kräftigen glaubte, wenn man ihm täglich mehrere Löffel eines nebenbei fast immer verfälschten, sogenannten Medizinal- oder Tokayerweins einflößte und damit in Wahrheit einen mehr oder minder empfindlichen Schaden zufügte, sind vorüber, und wenigstens das kindliche Alter beginnt also von unserer geläuterten Erkenntnis Nutzen zu ziehen.

Größte Vorsicht im Gebrauch des Alkohols, am besten gleichfalls völlige Enthaltsamkeit ist ferner geboten bei allen nervösen, an Schwächezuständen auf dem Gebiete des Nervensystems leidenden Personen, die häufig ein besonderes Verlangen gerade nach diesem Reizmittel empfinden, aber seinen verderblichen Wirkungen nur um so rascher und leichter erliegen.

Unter ihnen nimmt eine bestimmte Gruppe noch erhöhte Fürsorge und Aufmerksamkeit in Anspruch: die Gewohnheitstrinker, die von diesem Übel befreit werden sollen oder befreit worden sind. Die Trunksucht im engeren Sinne des Wortes, der unüberwindliche und unwiderstehliche Drang nach dem Alkohol, ist nach unserer heutigen Auffassung in den meisten Fällen nicht, wie man früher glaubte, ein Laster, sondern eine Krankheit, die aus besonderer, verkehrter Veranlagung hervorgegangen ist, und sie erfordert deshalb zu ihrer Beseitigung nicht etwa nur den festen Willen des „Sünders" und den erbauenden Zuspruch des Seelsorgers, sondern vor allen Dingen die Kunst des erfahrenen Arztes. Hier aber hat es sich gezeigt, daß eine dauernde Heilung nur möglich, daß die krankhafte Schwäche nur überwunden werden kann bei strengster, unerbittlichster Durchführung der vollständigen Enthaltsamkeit. Der erste Tropfen Wein oder Bier stellt den erzielten Erfolg sofort wieder in Frage und macht die aufgewandte Mühe vergeblich.

Dagegen erscheint für den gesunden und erwachsenen Menschen die Abstinenz, die Enthaltsamkeit, im allgemeinen nicht erforderlich, vielmehr die Mäßigkeit, die Temperenz, zulässig und zwar aus folgenden Gründen:

Erstens ist der Einfluß, den die eigentümliche Vereinigung leicht erregender und lähmender Eigenschaften auf unseren Körper auszuüben vermag, wie sie geringen Mengen des Alkohols, aber freilich auch nur diesen, innewohnt, unter Umständen erwünscht und willkommen. Die gehobene Stimmung, das Zurücktreten der nüchternen Erwägung, der alltäglichen Bedenken und

Sorgen, die Erleichterung der Bewegungen, können für unser Tun und Lassen, für unsere Entschlüsse und Handlungen sogar vorteilhaft sein, ebenso oft allerdings auch den umgekehrten Erfolg haben.

Zweitens ist der Alkohol, namentlich in der Form der vergorenen Getränke, wie wir gesehen haben, ein angenehmes Reiz- und Genußmittel, auf das die meisten nur ungern gänzlich verzichten würden.

Drittens ist zur Zeit unser gesamter geselliger Verkehr, wie man ohne Übertreibung behaupten darf, auf den Alkohol aufgebaut, ohne ihn in seiner jetzigen Gestalt gar nicht denkbar, und wer zur Fahne der Abstinenz schwört, läuft deshalb Gefahr, ungesellig zu werden oder in fortwährende Zusammenstöße mit den Sitten und Gebräuchen seiner Umgebung zu geraten.

Es ist das gewiß eine der traurigsten Seiten des ganzen Kapitels, und alle ernsten Männer sollten sich in dem Bestreben vereinigen, den unmittelbaren oder mittelbaren Trinkzwang, den der Alkohol im Vollbesitz seiner tyrannischen Gewalt aufgerichtet hat, zu brechen und zu beseitigen. Möge, wer durchaus trinken will oder muß, zunächst weiter auf diesem Irrwege wandeln; aber mindestens müßte man doch verlangen, daß auch derjenige, der anderer Neigung und Überzeugung huldigt, ihr zu folgen die Freiheit habe. Das ist aber tatsächlich heutzutage nicht der Fall; man verlangt von jedem, daß er trinke und betrachtet es als eine unverzeihliche Auflehnung, wenn er sich widersetzt. Wer unsere Geselligkeit, in welche Form sie sich immer kleiden möge, genauer beobachtet, kann gerade hier sehr lehrreiche und beschämende Erfahrungen sammeln. Wenn jemand z. B. nicht raucht, so findet man sich alsbald damit ab und gibt sich zufrieden. Aber wehe, wenn jemand den Alkohol, das ihm angebotene Glas Wein oder Bier oder Schnaps zurückweist. Es ist ganz bezeichnend für den Trinker, daß ihm die Nähe oder Gegenwart eines Enthaltsamen oder Mäßigen in höchstem Maße unbequem ist. Er sieht in ihm einen lästigen Mahner, einen lebendigen Vorwurf und versucht zuerst mit gütlichen Worten, ihn seinen „sonderbaren" Grundsätzen abspenstig zu machen; hilft das nichts, so bedient er sich wohlfeilen Spottes und fährt endlich wohl gar noch gröberes Geschütz auf, um schließlich nur höchst widerwillig die Waffen zu strecken.

Haben wir da gewissermaßen die nicht organisierte Form des Trinkzwangs vor uns, so begegnen wir der organisierten, in feste Vorschriften und Gebräuche gefaßten, im akademischen Leben. Unsere studierende Jugend verkümmert sich so selbst ihre köstlichste Zeit, und die üble, hier angenommene Sitte und Gewohnheit wirft ihre Schatten nicht selten auch auf das ganze spätere Leben, schmiedet die einmal Bezwungenen für immer an die Kette des Alkohols. Dazu kommt, daß das böse Beispiel fortzeugend wirkt. Die äußeren Formen, in denen sich das studentische Leben bewegt, vor allem der „Komment", d. h. eben der Trinkzwang, sie werden nachgeahmt und nachgeäfft von Angehörigen anderer Berufe und Bevölkerungsschichten, und so sehen wir denn unter jungen Kaufleuten und Handwerkern, unter Angestellten jeder Art Vereine entstehen, die Farben tragen, Kommerse abhalten und sich glücklich fühlen, wenn sie dem Studenten endlich abgeguckt haben, wie er sich räuspert und wie er spuckt, ohne zu ahnen, daß sie mit alledem nur der Lächerlichkeit verfallen.

Hier ist gewiß ein gründlicher Wandel nötig, wie er durch Belehrung und namentlich durch gutes Vorbild erzielt werden kann. Indessen nicht jeder ist wohl geneigt, so als mutiger Streiter in die vorderste Reihe des Kampfes zu treten und sucht sich mit den augenblicklichen Verhältnissen abzufinden, indem er im geselligen Kreise der Mäßigkeit und nicht der Enthaltsamkeit huldigt.

Aber gegen die Empfehlung der ersteren werden von den Anhängern der Abstinenz zwei gewichtige Bedenken geltend gemacht: einmal daß ganz im allgemeinen die Grenze zwischen Mäßigkeit und Unmäßigkeit schwer oder gar nicht festzustellen sei, und zweitens, daß selbst, wenn eine solche gefunden, doch der einzelne sie leicht überschreite und zum Trinker werde. Was nun den ersten Punkt betrifft, so geben uns die Untersuchungen der früher schon erwähnten Forscher hier wohl einen zuverlässigen Maßstab in die Hand, die ermittelt haben, daß bei der Aufnahme von höchstens 30—40 ccm reinen Alkohols im Laufe eines Tages die lähmenden Wirkungen zurücktreten und sich nur noch der erregende Einfluß geltend macht. Die eben erwähnte Menge von Alkohol ist enthalten in etwa 1 Liter gewöhnlichen Bieres, in $^{3}/_{10}$—$^{4}/_{10}$ Liter Wein, in 90 bis 120 ccm Trinkbranntwein, und dieses Quantum würde der gesunde und erwachsene Mensch im Laufe eines Tages, um das besonders zu wiederholen, ohne Nachteil genießen können. Groß ist es nicht, wie Sie sehen, und im allgemeinen ist das Publikum gewiß schon aus Unkenntnis geneigt, sich hier einer Täuschung hinzugeben und erst sehr viel ausgiebigere Mengen geistiger Getränke als schädlich anzusehen. So mancher würde sich auch entrüstet abwenden, wenn man ihm $^{1}/_{4}$ Liter, ein Wasserglas voll Schnaps vorsetzen und ihm zumuten würde, es auszutrinken; aber er bedenkt nicht, daß die Flasche angeblich leichten Weißweins oder die vier Glas Münchener Bier, die er allabendlich vertilgt, fast die gleiche Menge reinen Alkohols enthalten und daher ebenso gefährlich sind.

Haben wir so die gesuchte Grenze gefunden, so bleibt noch der zweite Einwand, daß der Einzelne sie leicht und häufig übertrete und, einmal auf die schiefe Bahn geraten, dann rettungslos verloren sei. Das ist bis zu einem gewissen Grade unbestreitbar; wie aus Engeln Teufel und aus Jungfrauen Dirnen werden, so war auch jeder Säufer einst ein Mäßiger. Aber daß die Gefahr denn doch nicht so groß, wie es die Kreuzritter von der Enthaltsamkeit schwören zu jeglicher Stunde, das beweist meines Erachtens schon die glücklicherweise immer noch recht große Zahl mäßiger Menschen, die sich dauernd als solche bewähren, so namentlich und vor allen Dingen unserer Frauen. Und ferner verfügt auch der Einzelne hier über ein einfaches und treffliches Mittel, um sich in jedem Augenblick zu überzeugen, ob er schon zu weit gegangen, ob er dem bösen Feinde schon zum Opfer gefallen, ob er noch Herr oder bereits Sklave des Alkohols ist: er verzichte für eine bestimmte Zeit, für 2 bis 3 Wochen, vollständig auf geistige Getränke und unterbreche seine sonstige Mäßigkeit durch eine entsprechende Frist der Enthaltsamkeit.

Einer derartigen Prüfung auf Herz und Nieren sollte sich tatsächlich jeder in jedem Jahre mindestens einmal unterziehen. Viele werden den segensreichen Einfluß einer solchen Fastenzeit auf Leib und Seele unschwer wahrnehmen und erkennen, daß die geistige wie die körperliche Leistungsfähigkeit höher werden als vorher. Mancher wird vielleicht auch zu seinem Schrecken gewahr werden, daß er dem verhängnisvollen Abhang schon näher ist, als er geglaubt und rechtzeitig gewarnt, noch umkehren können. Nicht nur derjenige ist ja ein Trinker, dem der Alkohol seinen Stempel in unauslöschlichen Lettern aufgedrückt hat, sondern jeder, dem der Verzicht auf dieses Mittel bereits unmöglich geworden ist oder erhebliche Überwindung kostet. Der regelmäßige Genuß des Alkohols in unserem täglichen und gewöhnlichen Leben ist die Unsitte, die auf das nachdrücklichste bekämpft und beseitigt werden muß, und dieses Ziel sollten wir in erster Linie zu erreichen suchen.

Mit einer so beschränkten Empfehlung der Mäßigkeit will ich nun natürlich nicht an sich den Stab über den Grundsatz der Enthaltsamkeit brechen. Ganz im Gegenteil. Wer seiner festen Überzeugung von der Schädlichkeit des Alkohols zu Liebe namentlich die unter Umständen nicht geringen gesellschaftlichen Unbequemlichkeiten und Schwierigkeiten auf sich nimmt, die der völlige Verzicht auf geistige Getränke zur Folge hat, verdient gewiß unsere Anerkennung. Und daß das Beispiel eines Abstinenten wirksamer ist als das eines Mäßigen, wird man kaum bestreiten können.

Wenn ich Ihnen damit eine gewisse Richtschnur für Ihr Verhalten zum Alkohol gegeben habe, so werden Sie vielleicht in Ihrem Innern die Frage aufwerfen, ob ich denn selbst die Regeln und Ratschläge befolge, die ich hier mit so schönen Worten gepredigt habe. Es ist gewiß unbescheiden von mir, so meine eigene Persönlichkeit hervorzukehren. Aber ich fürchte, es könnten sonst hier und da leise und laute Zweifel und die Erinnerung an die bekannten Heineschen Verse wach werden:

Ich kenne die Weise, ich kenne den Text,
Ich kenne auch die Verfasser:
Ich weiß, sie trinken heimlich Wein
Und predigen öffentlich Wasser.

So möchte ich Ihnen denn noch kurz über meine eigenen Erfahrungen auf diesem Gebiete berichten. Ich habe etwa vor sieben Jahren begonnen, mich genauer mit der ganzen Frage zu beschäftigen, an der ich bis dahin ziemlich achtlos vorübergegangen war, und die Erkenntnis, die mir dabei geworden, hat mir die Augen gründlich geöffnet. Seit jener Zeit ist aus meinem häuslichen Leben der Alkohol in jeder Form, also auch als Bier oder Wein, verbannt, und da die Tage, die ich nicht in meinem Laboratorium und die Abende, die ich nicht an meinem Schreibtische zubringe, recht seltene sind, so stehe ich also im wesentlichen unter dem Zeichen der Enthaltsamkeit. Draußen aber, d. h. in der Geselligkeit, in Wirtschaften, auf Reisen u. s. w. huldige ich aus den vorhin angedeuteten Gründen der Mäßigkeit, und ich habe bisher keine Veranlassung gehabt, dieses Verhalten, diese „Politik der mittleren Linie", zu bereuen.

Wir haben aus alledem ersehen, daß der Alkohol in der Regel entbehrlich, daß er in den weitaus meisten Fällen und für die weitaus meisten Menschen aber gefährlich und verhängnisvoll, ein grimmiger Feind und ein tödliches Gift ist. Und diesem Moloch opfert nun unser Volk nicht nur Leib und Leben, nicht nur Verstand und Gesundheit, sondern auch wahrhaft ungeheuere materielle Güter. Im Jahre 1900 sind im Gebiet des Deutschen Reiches nach genauer und zuverlässiger Schätzung für mehr als 2000 Millionen Mark Bier, für mehr als 1000 Millionen Mark Wein und Branntwein vertrunken worden, auf den Kopf der Bevölkerung also mehr als 60 Mk., Frauen und Kinder, Säuglinge und Greise inbegriffen. (Vergl. Tab. Nr. 13 u. 14.) Wie viel gutes und schönes, wie viel für Wohnung und Ernährung, für Bildung und Gesittung, für Kunst und Wissenschaft hätte mit dieser Riesensumme geschaffen werden können! Wie darf ein Volk, daß sich diese gewaltige freiwillige Abgabe für einen überflüssigen und schädlichen Luxus auferlegt, über Steuerdruck von anderer Seite schelten. Und dabei handelt es sich hier um eine Last, die in ganz überwiegendem Maße gerade von den schwächeren Schultern getragen wird; die breiten Massen der Bevölkerung, nicht die oberen Zehntausend sind es, die die 600 Millionen Liter Schnaps und die 7000 Millionen Liter Bier vertrunken haben, die in dem abgelaufenen Jahr vertilgt worden sind!

Tabelle Nr. 13.

Was das deutsche Volk, 56 Millionen Menschen, im Jahre 1901 ausgegeben hat für:

1. die beiden wichtigsten Nahrungsmittel:		
a) Brot, auf den Kopf etwa 175—200 kg Brotgetreide (die Tonne = 1000 kg zu 150 Mk.) = 30 Mk. =		1700 Mill. Mk.
b) Fleisch[1]), auf den Kopf etwa 35 kg zu 1,20 Mk. = 40 Mk. = ...		2250 „ „
2. Heer und Flotte:		
a) Heer, ordentliche Ausgaben	568 Mill. Mk.	
außerordentliche Ausgaben . .	85 „ „	
b) Flotte, ordentliche Ausgaben . . .	87 „ „	
außerordentliche Ausgaben .	150 „ „	
zusammen =		881 „ „
3. Geistige Getränke:		
a) Bier, 70 Mill. hl (125 l auf den Kopf), das Liter im Ausschank = 32 Pfg. =	2250 Mill. Mk.	
b) Branntwein, 13,5 l Trinkbranntwein auf den Kopf, das Liter zu 80 Pfg. im Ausschank = ...	560 „ „	
c) Wein[1]) = ...	500 „ „	
zusammen =		3300 „ „

Nun, das sind Betrachtungen, die in Wahrheit den Volkswirt und nicht mehr den Arzt angehen, die aber doch ein bezeichnendes Schlaglicht auf die Verhältnisse werfen und in Ihnen gewiß die Überzeugung befestigen werden, daß hier eine

[1]) Unsichere Schätzung.

Tabelle Nr. 14.

Der Bierverbrauch im Deutschen Reich 1881—1900.

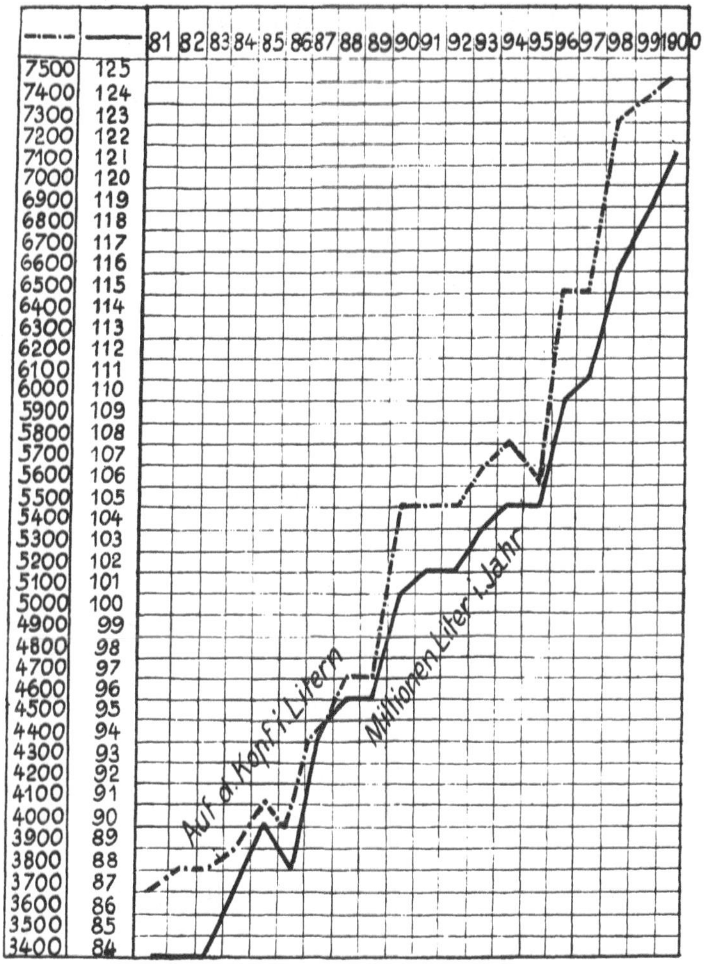

Umkehr und Einkehr geboten sei. Und wenn die Zeichen der Zeit nicht trügen, bahnt sich eine solche auch in der Tat schon an. Die berufensten Hüter der Volksgesundheit, die Ärzte, gehen in immer größerer Zahl in das Lager der Alkoholgegner über und erheben ihre warnende Stimme.

Noch vor 10 oder 15 Jahren spielte die ganze Frage in der medizinischen Literatur nur eine höchst untergeordnete Rolle; jetzt können Sie kaum eine Nummer unserer ärztlichen Zeitschriften aufschlagen, in der sich nicht ein Beitrag zu diesem Gegenstande fände, und ich bin gewiß, daß der Erfolg dieses Umschwungs nicht ausbleiben wird. Auch die Vereine, die den Kampf gegen den Alkohol sich zum Ziel gesetzt haben, wie derjenige gegen den Mißbrauch geistiger Getränke, der auf dem Boden der Mäßigkeit, und das blaue Kreuz sowie die Guttemplerlogen, die auf dem Boden der Enthaltsamkeit stehen, haben eine erhebliche Zunahme in der Zahl ihrer Mitglieder zu verzeichnen.

Aber von besonderer Bedeutung erscheint es mir, daß auch die Männer der Politik, die am Steuer unseres Staatsschiffes sitzen, Hand anlegen, um uns zu helfen und zu retten. Ein hervorragendes Mitglied unseres Vereins, Dr. Graf Douglas, hat im preußischen Abgeordnetenhause einen Antrag eingebracht, der den bösesten Mißständen auf dem hier erörterten Gebiete entgegenwirken will und zur einstimmigen Annahme gelangt ist.

Hoffen wir, daß nun auch die Regierungen die ihnen gebotene Gelegenheit ergreifen, hoffen wir, daß sich die Prophezeiung erfülle, mit der eine beachtenswerte Stimme das neue Jahrhundert begrüßt hat: seine wichtigste und segensreichste Tat werde die Selbstbefreiung der germanischen Völker vom Joch des Alkoholismus sein. Aber helfen Sie auch alle mit an diesem Werke — es ist wahrlich des Schweißes der Edlen wert.

www.ingramcontent.com/pod-product-compliance
Lightning Source LLC
LaVergne TN
LVHW090001031026
849161LV00020B/559

* 9 7 8 3 4 8 6 7 3 6 7 5 5 *